TRES NIÑOS SIN FRONTERAS QUE VENCIERON AL MIEDO

Papel certificado por el Forest Stewardship Council®

Primera edición: junio de 2022

Printed in Spain – Impreso en España

ISBN: 978-84-18915-07-9
Depósito legal: B-7.588-2022

Compuesto en Punktokomo, S. L.
Impreso en Gómez Aparicio, S. L.
Casarrubuelos (Madrid)

AL 1 5 0 7 9

FCO. JAVIER SANCHO MAS

TRES NIÑOS SIN FRONTERAS

QUE VENCIERON AL MIEDO

Ilustraciones de
BLANCA MILLÁN

ALFAGUARA

A Miriam, a Mireya,
a François, a Ahmed y a Salvador,
por estas historias tan vuestras

Índice

Prólogo para adultos

(y algún niño o niña que se cuele)

A mi amiga sus hijos le preguntaron, el otro día, sobre unos niños que habían visto en las noticias. Estaban solos, en una zona de guerra. ¿Por qué los habían dejado allí? La pusieron en un brete porque quería darles una explicación que pareciese natural. Ellos no concebían que otros niños («¡Mamá, eso no puede ser!») estuviesen solos. Y menos que se quedasen sin sus madres en medio de algo tan grande y triste como una guerra.

Pensé en si era o no factible que un niño pudiese comprender la soledad. Entonces me acordé de *Momo*, la fantástica historia de aquella niña que se enfrenta sola a una vida marginal, en una ciudad enorme, y se acompaña de una tortuga a la que se le ilumina el caparazón con palabras. Y me acordé de niños que yo mismo había conocido cuando trabajaba como periodista para Médicos Sin Fronteras en zonas de crisis. En sus historias reales están basadas las de este librito, así como en las de una enfermera, un médico y una médica que los conocieron. Son tan reales que los podréis saludar en el epílogo.

Hay muchos cuentos que empiezan con niñas o niños solos, como *Alicia*, o el mismo *Principito*. Posiblemente, la soledad ofrece no ya el fin o el resultado de algo, sino el principio de una nueva aventura. Ante ella, los pequeños no se quedan quietos.

Atraviesan la soledad con una brújula interior y, algunas veces, se encuentran con una de las mejores compañías posibles: los animales o la naturaleza en general. Y, así, dialogan con todo lo que les rodea por medio de la imaginación, o de verdad, con palabras dichas en voz alta, como mi madre hacía con sus plantas. Y puedo atestiguar que las plantas la escuchaban.

En *Las metamorfosis* de Ovidio encontramos numerosos ejemplos en los que los dioses griegos, aturdidos por sus propios actos de salvajismo y crueldad contra los seres humanos, recurren a la última piedad de la ternura. Sus víctimas se convierten así en un árbol maravilloso junto a un río, o en un instrumento musical, o en un pájaro, por ejemplo. A otras, fatigadas por el sufrimiento, les alivian el dolor disolviéndolas por el espacio en constelaciones de estrellas, que llevan sus nombres para siempre. Los dioses no podían con ello resarcir el daño causado, pero esa era para los antiguos la manera de expresar que el corazón alberga posibilidades cuyos límites sobrepasan el dolor o la muerte.

La belleza es una prueba de ello. Que incluso exista, en medio de la brutalidad más grande jamás imaginada, supone un mensaje oculto, la posibilidad de que el mundo, a pesar de todo, puede sobrevivir por ella.

Los niños de mi amiga Raquel se referían a un bombardeo en la ciudad de Alepo, en Siria. Vieron a unos pequeños, como ellos, en estado de *shock* y solos. Creo que no es cierto que los niños no conciban íntegramente la soledad o la muerte. Pero sienten el miedo de los adultos al hablarles de ello. Lo que no conciben, como tampoco lo hacían los que inventaron los mitos griegos, es que no haya una segunda oportunidad para la ternura, otra forma de vida que convierta el horror en esperanza. Algo así deseó García Márquez para las generaciones condenadas a la soledad.

Por esa fe de los pequeños, con sus virtudes y contradicciones, con su inmadurez y su consuelo, muchos adultos y niños siguen perseverando frente al mayor de los miedos: la soledad que dejan las guerras, las catástrofes humanitarias, las enfermedades olvidadas y hasta los domingos por la tarde. Bien pensado, creo que ellos son más conscientes de que la soledad es una condición de ser vivo. Lástima que no sepamos educarlos en ella. Y por eso, a veces, los dejamos solos ante la soledad, de la que huimos al crecer.

Cuando nos lean dentro de mucho tiempo, descubrirán con asombro cuántos de nuestras niñas y niños se enfrentaron al miedo y cómo se convirtieron en maestros de resiliencia. Trabajando por cerrar heridas de nuestros días y de los pasados, labraron el futuro de todos. Esto es demasiado pretencioso decirlo en un libro de cuentos, pero es verdad que la fe de los niños no tiene límites.

Siempre habrá niños tan de verdad como los de estos cuentos que, aun llorando, avanzan con la valentía de las preguntas. Niñas y niños que interactúan con otros compañeros de camino en la búsqueda de esa dimensión, que solo sus miradas y las de los primeros pastores-narradores percibieron: un lugar secreto donde habita la magia de una segunda oportunidad sobre la Tierra.

Esta es la historia de cómo volver a encontrarlo.

Mireya, la niña cometa. O el arte de irme volando

A la doctora Araica, que atendió a la

protagonista de esta historia y fue testigo

de lo que en ella se cuenta

Cómo enviar mensajes a alta mar

Una tarde, en la cama del hospital, recordé la primera vez que vi volar una cometa.

Sucedió en la playa de San Juan del Sur, en Nicaragua, cerquita de la casa donde yo vivía.

Mis padres habían construido la casa con maderas de barcos hundidos en el océano Pacífico. El que le puso nombre a mi mar tenía mucho sentido del humor porque, precisamente, de pacífico, lo que se dice «pacífico»…, tiene más bien poco.

Para nosotros es «la mar». Es algo juguetona, pero no se da cuenta de la fuerza que tiene. Ya te lo imaginarás por todos esos barcos hundidos. Si quieres nadar en ella…, nada de nada. No se deja. Las olas te suben y bajan desde alturas de vértigo. Pero eso sí, a mi playa vienen los mejores surfistas, los que pasan en medio de las olas cuando se rizan. Y también vienen los que echan a volar cometas. Y es que las rachas de viento las llevan muy muy arriba.

Mi padre era pescador y, a veces, le tocaba pasar largas temporadas en alta mar. Tenía que ir en grandes barcos hacia puertos lejanos. Pero cuando volvía, estaba todo el tiempo jugando conmigo. Me enseñaba a descubrir en qué lugares de la playa, solo durante los días en que a la mar le duele la tripa, aparecen restos de navíos hundidos de otras épocas. «Fíjate bien, Mireya: aquí los escupe», decía cuando hallaba tablones de madera que, después de secarlos, le servían para arreglar las paredes de la casa.

Por entonces, yo tenía seis años y la piel morena. Como nuestra casa estaba tan cerca de la playa, me parecía que era parte de ella. Jugaba en la arena todo el tiempo que podía y la piel se me volvió casi violeta por las muchas horas de sol. Llevaba el pelo recogido en dos trenzas muy largas que mi madre tejía lentamente por las mañanas, antes de irme al colegio. A veces, me estiraba tanto el pelo hacia atrás que me dolía la cara. Los vecinos de San Juan del Sur con los que me cruzaba por el camino debían de pensar que yo era la niña más feliz del mundo, porque estaba siempre sonriendo. La realidad era que las trenzas me estiraban la piel hasta la comisura de los labios, y se me quedaba una sonrisa tiesa dibujada en la cara.

Al volver del colegio, me deshacía las trenzas, ¡y era un alivio tan grande! Todo el rostro se relajaba, y mi pelo, ¡ay, mi pelo!, se inflaba como el de un hámster bajo un secador. Me miraba en el espejo, y toda yo era una bolita esponjosa con ojos y boca.

La última vez que vi a papá, antes de que se embarcara para ir a alta mar, me dolía la tripa. Él acercó el oído y me palpó la barriga como si fuera un médico pescador. «Tienes la panza tan llena como la mar pacífica», dijo bromeando. Y con la risa, se me fue el dolor. Bueno, con la risa y con un pedo muy ruidoso, la verdad.

Cuando papá se embarcaba en largas travesías, mi mamá y yo nos conectábamos con él por videollamadas. Pero eso solo era durante los primeros días, porque, después, el wifi, que en la mar es muy malo, fallaba, hasta que no había ninguna señal. Teníamos que esperar muchos días sin comunicarnos a que él llegara a un puerto con wifi.

Sin embargo, mamá tenía otra forma de enviar mensajes. Solía hacerlo los sábados por la tarde, cuando nos íbamos a caminar juntas por la playa. Cerca de la orilla, metía los pies, se agachaba y le daba unos besos al agua. Mi madre, y esto te lo cuento como ella me lo contaba, creía firmemente que la mar recogía sus besos, los guardaba en una pompa de espuma que se llevaba de vuelta por la cresta de las olas, mar adentro, hasta el barco de papá. La pompa debía de tener el mismo equilibrio que los surfistas cuando remontan las olas más grandes.

A mí…, cómo decírtelo sin quitarle la ilusión a mamá, no me parecía un método muy fiable. Remontar las olas era un viaje peligroso, a contracorriente, demasiado difícil para unos besos metidos en una pompa de espuma. Además, ¿cómo se orientaban para dar con un barco en medio del océano, sin ubicación ni Google Maps? Ya sé, resulta increíble, ¿verdad?

Lo cierto es que, cuando él regresaba después de sus largas travesías, mamá le preguntaba si le habían llegado bien los besos en la espuma de las olas y todo eso. Él le decía que sí, y señalaba el bolsillo de su camisa: «Aquí los traigo guardados para no perderlos». Pero sospecho que lo hacía para no decepcionar a la romántica de mi madre.

Aquel sábado por la tarde del que me acordaba, mamá estaba encomendando, como de costumbre, sus besos a la mar. Yo la esperé tumbada en la arena, de cara al cielo. Allí arriba, todo parecía un gran espejo. Algunas veces, la mar y el cielo juegan a imitarse. Son tan igualitos que no puede distinguirse uno del otro cuando se juntan en el horizonte. Hay días en que ambos son intensamente azules. Otros días se ponen grises; otros, verdes; otros, marrones. Ese sábado, el cielo, visto desde la arena, parecía poder tocarse con la punta de un dedo. Y entonces la vi.

Estaba allí, en lo alto, justo encima de mí, cubriéndome con su sombra. El viento fuerte la mantenía en vuelo y hacía el sonido de un abanico contra el pecho. Era una enorme cometa con el dibujo de unas alas de águila de color violeta, desplegadas sobre un fondo blanco. Nunca había visto una tan grande, al menos no que pudiera hacerle sombra al sol entero. Un muchacho la maniobraba con mucho arte desde la orilla.

—Creo que tengo una idea mejor —murmuré a mi madre mientras me levantaba de nuevo.

—¿A qué te refieres, hija? —preguntó secándose el agua salada de los labios.

—A que podemos contactar con papá de otra forma. Le daremos una sorpresa cuando esté en la mar sin wifi. Si hacemos una cometa muy grande con forma de águila, con un hilo muy muuuuuuy largo, y escribimos mensajes en sus alas antes de echarla a volar, él podrá verla desde cualquier sitio. Solo tendrá que buscar en el cielo con unos anteojos. Seguro que, así, le llegan tus besos mucho antes que a través de las olas.

—Para eso hay que estudiar el viento —dijo mamá—. Mucha gente pasa años observando las corrientes de aire, igual

que hacen los surfistas con las olas. Y hay cometas que aprenden por sí solas el arte de irse volando, y se escapan de sus dueños. Tenlo en cuenta.

Aquella tarde continué observando atentamente la cometa de alas violetas que revoloteaba por encima de nosotras. Le dije a mi madre que sería bonito no tener, sino ser una cometa.

—Claro —respondió ella—. Eso es mucho mejor. Si lo pensamos en serio, de verdad, es posible. Solo tenemos que conseguir tela y sedal suficiente para que pueda sujetarte bien. Así, te podré sostener desde el carrete y desenrollarlo para que vueles hacia alta mar.

—Pero, entonces, ¿cómo podré volver?

—De ese mismo modo —resolvió, señalando al muchacho que enrollaba la bobina y bajaba la cometa de alas violetas—. Necesitaremos muchos metros de sedal, aunque bien nos pueden servir tus trenzas. Con lo largas que son, te podré desenrollar para que vueles hasta el barco de papá —dijo riéndose mientras medía por palmos la longitud de mi pelo.

Hay veces que ya no se puede esperar más

De aquella tarde en la playa que te he contado me estaba acordando cuando entró la doctora en mi cuarto, en el hospital de niños La Mascota, en la capital de Nicaragua. Era la hora de mis pastillas. Mi madre me había llevado a La Mascota porque volvió a dolerme la tripa y ya no se me iba ni con pedos ni con risas. Ella me miraba con un gesto de preocupación, como los días de mala mar.

En el hospital, me empezaron a dar una medicación muy fuerte, como las que dan para enfermedades serias. Y, por ese tratamiento, mi piel fue perdiendo su color violeta, hasta volverse muy pálida, por momentos.

Cómo echaba de menos el sol, y el viento, y la arena, y la mar, cuando estaba en aquella cama de hospital... Y también mi pelo, porque el tratamiento hacía que se me cayera. Me quedé hasta sin mis trenzas. Lo bueno, me dijo la doctora, era que solo duraría un tiempo, y luego me crecerían de nuevo. Aún me quedaban unos cuantos pelillos sueltos, débiles y resistentes, pero mamá decidió que estaría mejor si me los rapaba, además, así, cuando me creciese el pelo, estaría todo igual de fuerte y bonito. La primera vez que me miré calva en el espejo no me lo podía creer. Ya no era una bolita de pelo, sino de billar, con la coronilla brillante. Lo extraño era que, por las mañanas, en el hospital, seguía despertándome con la sonrisa tiesa, como si aún me estirasen las trenzas de memoria.

—Si despiertas sonriendo, es buena señal. Seguro que ya no te duele tanto —dijo la doctora que acababa de entrar en la habitación. Tenía los cachetes redondos, las pestañas muy largas y una nariz graciosa, no grande, pero con los agujeritos bien abiertos. Ella no sabía que se puede sonreír de memoria, como cuando una se acuerda de un chiste muy bueno.

Por las tardes, me dolía más el estómago, y por eso ella me traía las pastillas. Me explicó que tenía una herida pequeña que me hacía sangrar por dentro. Lo que yo sentía, en realidad, eran pinchazos en todo el cuerpo, como si me hubiese tragado un cactus.

Había otras medicinas que me podían quitar el dolor por completo. Lo malo era que se habían acabado. A veces se compraban en el extranjero, pero eran supercaras. Otras veces venía gente de un país más rico y las traía. Alguien con mucho dinero había utilizado todas las que quedaban en el hospital y había dejado a los demás niños sin ellas. El gobierno no pudo o no se interesó lo bastante para comprar las nuevas, así que yo no tenía otro remedio que esperar y arreglármelas con la memoria y la imaginación. Y eso se me daba bien. Tenían que servirme ahora que las necesitaba para calmar mi tripa.

Mamá dormía en un colchón tendido en el suelo, junto a mi cama. En La Mascota solo quedaban camas de niños. Papá aún iba a bordo de uno de esos barcos grandes, de travesías largas, que tardaban mucho en volver.

Mi heridita sangraba por dentro cada vez más; los pinchazos eran más y más intensos. La doctora hacía todo lo posible. Y mamá, cuando me veía encogida de dolor sobre la cama, se ponía a hablarme de la mar, y eso me calmaba un poco. Otras veces me decía que iba a comprar el hilo y la tela que necesitábamos para la cometa. Que la haríamos juntas allí, y que cuando me pusiera buena, la volaríamos en nuestra playa.

—Piensa en ella, Mireyita, sueña con la cometa, y verás como se te pasa el dolor —decía.

Pero por la noche, cuando el dolor me dejaba dormida, yo veía otra cosa, ¿sabes? No veía una cometa. Me veía a mí. Era tan real: yo flotando en el aire como aquella cometa de alas violetas. Podía ver la mar, mi mar Pacífico, desde arriba, revolviéndose, con dolor de tripa, y eructando restos de naufragios en la arena. Hasta podía sentir su alivio al sacarse aquellas maderas viejas de la panza.

Cuando se recuerdan las cosas malas, como un dolor de muelas, por ejemplo, lo mejor es recordar las cosas buenas que pasaban en medio de las cosas malas. Para mí lo mejor fue mi doctora. Venía cada tarde a saludarme y me daba algunas pastillas, aunque faltasen las que más necesitaba. ¡Cómo me gustaba ver sus cachetes, sus pestañas y los agujeritos de su nariz abiertos!

Me dijo que cuando me curase, podríamos darnos «el beso de los gnomos», nariz con nariz. Pero, mientras tanto, me dejaba tocársela con los dedos. Era la nariz más suave y elástica que había tocado en mi vida. También me dejaba jugar con una linterna pequeña que llevaba en la bata. Decía que era para examinar el oído de los niños. Yo, en cambio, la encendía y miraba las narices de la doctora por dentro.

No pasaba un solo día sin que le preguntase:

—Doctora, ¿cuándo podré volver a mi playa? —Bueno, ya le había contado que, para mí, la casa y la playa eran lo mismo.

—¿Por qué tienes tanta prisa, Mireyita? Si te vas, te echaré de menos —me decía la doctora acariciando mi frente. Así comprobaba si tenía fiebre.

—Es por la cometa —se lo quería explicar todo, pero con los nervios tartamudeaba, no me llegaba bien el aire para decir tanto y solo me salía lo de las alas violetas y lo de volar, volar…—. Antes de que vuelva mi padre…

La doctora no comprendía muy bien, pero me explicó que debíamos esperar un poco más. Yo aún estaba muy débil, después del tratamiento. No podría caminar por la playa hasta que mis piernas se fortalecieran y mi piel recuperase su color moreno.

—Doctora, es que tengo que hacerme cometa, pronto —le advertí.

—¡Ajá! —exclamó ella—. Qué interesante. Entonces ya sabes el arte de volar, supongo.

¡Vaya! No había caído en eso. Era cierto. Arrugué los labios y me quedé pensativa. Aún no había aprendido a volar y ni siquiera sabía que podía ser un arte. Pero, claro, lo que hacen las cometas y los pájaros es parecido a un baile.

Durante algunos días más, reflexioné, los ratitos en que el dolor no me pinchaba, sobre cómo aprender los juegos del aire y

los movimientos de una cometa para mantenerse a flote. No había muchos cursos en línea para eso. Pero tenía memoria. En el cole me enseñaron que la memoria era amiga de la imaginación, y las dos, de la voluntad. Y que las tres amigas, cuando se compinchan, hacen cosas increíbles.

Me acordé del muchacho que maniobraba la cometa. Y me acordé de los movimientos de arriba abajo y de abajo arriba que podía hacer el viento. Pensé tanto y tan fuerte en ello que fue como si estuviera recibiendo clases prácticas en la playa, de memoria.

En ocasiones, cuando la doctora pasaba por la habitación, se sorprendía al verme entrenando el movimiento de mis brazos, jugando con el aire. No podía creer que los moviera con tanta soltura, a pesar de lo débil que estaba.

Con el paso de los días, sin noticias de las medicinas que debían llegar, la doctora se sintió más triste y enojada con quienes no se daban prisa en aliviarme el dolor de los pinchazos. Y cuando oía cómo me quejaba con lágrimas, ella cantaba.

La voz no era su fuerte, la verdad, cantaba fatal, pero no me importaba mientras me dejase jugar con su nariz y sus cachetes hasta quedarme dormida. Seguro que, una de esas tardes, también escuchó lo que me dijo mamá cuando trataba de consolarme:

—Piensa en la cometa, Mireya, piensa. Así podrás volar donde están las medicinas y traerlas antes de que vuelva tu papá. Ya verás.

Y lo pensé de verdad. Para mi madre era posible que sus besos llegasen al barco de papá remontando las olas, así que por qué no lo sería convertirme en cometa. Si podía hacerlo con mi imaginación, si podía aprender a volar de memoria, y si ponía toda mi voluntad en ello, nada podría impedirlo, con las tres amigas de mi parte.

La creí de verdad. Pero, de pronto, ella se percató de algo.

—Lo que pasa es que aún no se puede —me dijo.

—¿Por qué? —le pregunté sin querer bajarme del entusiasmo que me tenía muuuy arriba.

—Porque aún no te han crecido suficientemente las trenzas. ¿Cómo te voy a sujetar y traerte de vuelta?

Me rasqué la bolita de billar. No había caído en la cuenta de ese detalle. Mamá tenía razón. Y sonreí, porque, al fin y al cabo, solo era cuestión de esperar a que me creciesen las trenzas.

Lo que ocurre es que hay veces que ya no se puede esperar más. Una de esas noches comprendí que el dolor quería quedarse conmigo para siempre. Sus pinchazos eran más puntiagudos que nunca. Eso me daba miedo. Entonces llamé a las tres amigas. Y la memoria, la imaginación y la voluntad acudieron en mi ayuda contra el dolor y el miedo. Las tres estuvieron de acuerdo. No se podía esperar más. Quedamos en que era el momento de volar.

Pensé de nuevo en la cometa pintada con alas de águila. Sentí el viento, cada vez más fuerte, cada vez más alto, más alto, más alto, más alto. Y empecé a flotar. Así como te lo cuento. Me elevé, poquito a poco, hasta el techo de la habitación de La Mascota. Temblaba de emoción, te prometo que ya sin una pizca de miedo. Como cuando te montas en la montaña rusa, esa cosquilla, ese nervio, ya sabes, por dentro.

Mi madre, que se había quedado dormida, abrió los ojos y al no encontrarme en la cama, se asustó. Cuando me vio flotando en el techo, el susto fue peor, claro. Hasta dio un salto hacia atrás. No se le ocurrió otra cosa que gritarme enfadada:

—¿Qué haces ahí arriba? ¡Bájate ahora mismo o aviso a la doctora!

Yo sonreía porque, flotando como estaba, no recordaba el dolor de los pinchazos. La memoria los había borrado de mi cabeza y de mi estómago.

—Mamá, aquí arriba no duele —le dije, encantada—. Tenías razón, era de verdad que se podía.

Y ella, al principio, solo se movía de un lado a otro, sin escucharme, vigilando por si me caía de golpe y, en tal caso, lo hiciera sobre el colchón.

—¡Baja! —me imploró de nuevo. Pero como yo continuaba flotando y en mi cara no había miedo, empezó a entender que aquello no era una metáfora, sino que estaba pasando de verdad. Se quedó mirándome fijamente y algo le hizo calmarse. Estaba aceptando la situación. Al cabo de unos segundos, cambió el gesto y quiso hablarme de nuevo—: Entonces… —Por un instante no supo qué decir, mirándome hacia arriba con la misma fascinación que yo sentí al ver por primera vez la cometa de alas violetas. Se acordó de que algunas cometas aprenden el arte de irse volando—. Entonces, ¡vuela, hija, vuela! —me animó, llevándose los dedos a los labios como cuando encomendaba sus besos a la mar.

Y al instante, yo misma comencé a llamar a la médica de los cachetes redondos.

—¡Doctora! ¡Doctora! Venga, mire cómo me voy volando.

Al oír mis voces, ella vino corriendo con una inyección. Supongo que creyó que gritaba de dolor. Cuando abrió la puerta, sopló una ráfaga muy fuerte. La ventana se abrió de par en par. Y ya, esto que te cuento, se lo puedes preguntar a la doctora. Ella te dirá que lo vio. Que vio una luz violeta, que vio como yo cerraba los ojos, con el viento de cara, y agitaba los brazos al igual que unas alas.

Más tarde, cuando investigaron el caso de mi desaparición, llegaron unos inspectores que querían contrastar la versión de los hechos que les había contado mi madre. Así que fueron en busca de la doctora y la interrogaron. Ella no podía confirmar si había sido producto de su imaginación o de su memoria real. Lo que recordaba, y así lo aseguró, era que, aquella vez, vio cómo me alzaba yo sola en vuelo y salía del hospital, agitando los brazos con la ayuda del viento. Y me vio subir tan alto, tan alto, como una cometa sin hilo, con rumbo a alta mar.

La doctora también les contó que me reía, y que la risa era el síntoma de haber vencido al dolor. Y que mi piel se iba poniendo, de nuevo, morena, casi violeta, por los rayos del sol.

Los inspectores no sabían que la imaginación, la memoria y la voluntad hicieran juntas esas cosas. Tenían que redactar un informe creíble para que sus jefes no los tomaran por locos. Insistieron en que la doctora les volviese a explicar todo desde

el principio, para ver si así podían com-
prenderlo.

—Todo comenzó una tarde —les contó de nuevo—, en una cama del hospital,
cuando Mireya recordó la primera vez que
vio volar una cometa. Sucedió en la playa de San Juan del Sur, cerquita de la casa
donde vivía.

Ahmed y el Elefante Errante

A Miriam Alía, la doctora Patucos

—¡Un elefante! —contestó Ahmed antes de que su hermano mayor acabase de
preguntar: «¿Qué te gustaría como regalo de cump…?—. ¡Un elefante! —repitió
saltando.

Faltaban pocos días para que Ahmed
cumpliese nueve años. Ibrahim acababa
de llegar y vio que su hermano estaba jugando solo en el patio, así que soltó la mochila roja que cargaba al hombro, con una
etiqueta en letras árabes donde se leía Patucos. Cuando salió al patio para acompa-
ñar a su hermano pequeño, oyó a lo lejos

un «¡Buuum!» muy flojito, como a muchos kilómetros de allí. La casa estaba en un extremo de Alepo, la ciudad habitada más antigua del mundo, al norte de Siria. La ciudad es tan antigua que por ella han pasado reinos e imperios, maravillas y tragedias, tiempos de alegría y de tristeza, pero siempre se ha mantenido en pie. Ya en nuestra época, cuando Ahmed e Ibrahim jugaban en el patio, la guerra se estaba apoderando de la ciudad y su leyenda milenaria volvería a ponerse a prueba. ¿Resistiría Alepo otra vez?

A esas horas su madre aún se encontraba trabajando en una tahona de otro barrio lejano, amasando el pan para el día siguiente. En su tahona se despachaban grandes panes, redondos y calientes, y se distribuían por toda la ciudad.

—Estás loco —le dijo Ibrahim—, ¿dónde vas a meter un elefante? Esta casa es muy pequeña.

Ahmed alzó la mirada hacia su hermano. Ibrahim tenía diecisiete años y llevaba bigote y barba, recortada en forma de perilla. Últimamente hablaba mucho de estudiar medicina, desde que había entrado como voluntario en el equipo de una médica sin fronteras con la que iba a cuidar a los niños para que no enfermasen de frío. El invierno es peligroso si no se tienen calcetines y patucos.

Ahmed no oyó la pregunta porque estaba más entretenido en contemplar una rayita blanca y vertical que el hermano tenía entre la nariz y el labio superior, por donde no crecía el pelo del bigote. Había que fijarse bien para distinguirla, pero al hacerlo captaba toda su atención como si fuera más grande de lo que en realidad era.

Posiblemente se trataba de una vieja cicatriz de la infancia. Una vez, Ahmed le preguntó a su madre, Karima, sobre aquella cicatriz. Ella le contó que Ibrahim, de pequeño, solía llorar a moco tendido. Tanto tanto lloraba que dejó un reguerillo, un

surco por donde se le caían los mocos hasta los labios. Para consolarlo, Karima le contaba una historia de elefantes en la que estos ayudaban a unos pescadores cuyo barco había encallado en la arena. Pero antes de que apareciesen, en la playa solo había unos niños. Al ver a los pescadores, los niños avisaban a la manada de elefantes que, con sus trompas, empujaban el barco y lo devolvían al mar. Siempre era en esa parte en la que Ibrahim se quedaba dormido, y Karima le secaba el reguero de los mocos, en el surco entre la nariz y los labios.

Ahmed estaba en Babia, mirando aquella rayita blanca en el bigote de su hermano, sin prestar atención a lo que le decía. El pequeño tenía una habilidad: fijaba la mirada en cualquier cosa y esperaba, esperaba, esperaba. Entonces, después de esperar, esperar y esperar, las cosas se desdoblaban hasta hacerse borrosas y cambiaban de forma. Lo pequeño se agrandaba y lo grande se empequeñecía. Y podía ocurrirle en cualquier sitio. Incluso en las clases del colegio. Una goma de borrar, por ejemplo, se convertía en una gran nube en el cielo. Cuando estaba en ese trance, Ahmed no podía pronunciar una palabra ni mover un dedo. Hasta que alguien no lo zarandeaba, no volvía en sí. Aún le costaba unos segundos reconocer dónde estaba en realidad, y le quedaba una sensación de cansancio como al final de un largo viaje.

Esa tarde, en el patio de la casa, mientras la observaba fijamente, la cicatriz del hermano ya no era un antiguo reguero de mocos, sino que se había convertido en un sendero en mitad de la selva por el que avanzaba sigilosa (¡chissssss!) una manada de elefantes. El más pequeño de todos se había rezagado. Estaba entretenido, explorando con su trompa la maleza del bigote. La manada siguió avanzando hasta que el pequeño elefante se quedó solo. Ese era el elefante que Ahmed quería.

—Ahmed, Ahmed… —Su hermano lo agitó por los hombros para que volviera en sí—. Un elefante no cabe en esta casa. Piensa en otro regalo.

—Uno pequeño sí que cabe en el patio —replicó él—. Uno pequeño que se haya perdido.

Ahmed lo tenía tan claro que Ibrahim no quiso contradecirlo más. Entonces le prometió algo:

—Escucha, Ahmed, tú sabes que el año que viene quiero empezar a estudiar medicina para ser pediatra, ¿verdad? —le preguntó mientras se acariciaba el bigote como si quisiera disimular con los pelillos la senda-cicatriz por la que pasaban los elefantes.

A Ahmed la palabra le sonó muy rara, y al querer repetirla, se confundió:

—¿Ped... pedote? —preguntó arrugando la frente.

—No, no. Pe-dia-tra, un médico de niños.

—Ah —sonrió Ahmed—. Eso es mucho mejor que ser un pedote.

—Pues eso, que ya verás que cuando sea pedote... —Esa vez fue a Ibrahim a quien se le escapó la palabra sin querer, y Ahmed trató de aguantarse la risa apretando los labios y, al hacerlo, se le formaron unos hoyuelos en ambos cachetes. Ibrahim continuó—: Me iré a trabajar de médico a otros países. Cuidaré de los niños allí donde vaya.

A Ahmed se le fue apagando la risa poco a poco.

—Y ahora, ¿a qué viene esa cara? —le preguntó Ibrahim.

—Es que…, si te vas, ¿no volveré a verte?

¡Qué dices! Claro que volveremos a vernos. En cuanto me toque ir a alguna misión médica en África, te llevaré conmigo para buscar a tu elefante.

Ahmed miró de nuevo la senda-cicatriz que no podía tapar el bigote de su hermano y se sintió aliviado. Le preguntó cómo encontraría el elefante.

—Sé que hay lugares donde cuidan a los cachorros de animales que se han perdido. Y, si no, le preguntaremos a los niños.

Son los que más saben de elefantes. Los animales muy grandes y los pequeños se llevan bien, ¿no lo sabías? ¿Por qué crees que los de los cuentos de mamá salvaban a los pescadores del barco encallado? Porque los pescadores pedían a los niños que llamaran a los elefantes.

Ahmed arqueó las cejas y arrugó la frente. Su mamá le había contado que Ibrahim se quedaba siempre dormido en esa parte. Cómo podía acordarse entonces de eso… ¿No sería más bien que se hacía el dormido?

El equipo de los patucos

Al día siguiente, Ibrahim volvió a cargar con su mochila y unirse al grupo de voluntarios. Se reunían siempre en una clínica, donde les esperaba una doctora extranjera, joven, de pelo rizado, color de miel y ojos alegres, que había llegado a Alepo unas semanas antes, tras haber empezado la guerra. Ni ella ni el resto de las médicas podían proteger a la gente de las bombas. Pero sí podían prevenir las enfermedades que se propagan durante los conflictos.

Eso era lo que podían hacer. Para los bebés había además una amenaza peor: se acercaba el invierno y, debido a los cortes de luz, las casas se quedaban sin calefacción. La doctora se puso a pensar, muy concentrada, en cómo proteger a los más pequeños del frío, que podía causar enfermedades muy molestas. Cuando tenía una idea, se quedaba quieta, mirándose fijamente los pies para no distraerse con nada. Fue entonces cuando se le encendió una bombilla en la cabeza, aunque era en los pies donde estaba la clave. A los bebés, el frío, muchas veces, les entra por los pies. Por ello pensó que sería más práctico repartir patucos y no esperar a que se enfermasen para tener que darles medicinas. Pero el reto de abrigar todos los pies de todos los bebés era tan grande como la ciudad.

Lo bueno es que siempre que alguien tiene una buena idea suele encontrar gente que le ayuda, sin saber cómo ni dónde. La doctora se encontró pronto con un grupo de jóvenes dispuestos a ayudarla. Entre ellos, estaba Ibrahim, claro, que conocía muchos atajos, por los que, años atrás, había ayudado a llevar el pan de su madre por los barrios de Alepo. Ahora la tarea consistiría en repartir, cada día, todos los patucos que cupieran en grandes mochilas rojas y blancas, sobre las que pintaban un muñeco, la silueta de una persona con los brazos y los pies abiertos, como si estuviera saltando, y la palabra Patucos en árabe. Era el mismo símbolo que llevaba la doctora en su camiseta. Desde entonces ella bautizó a aquel grupo de jóvenes como «el equipo de los patucos».

La doctora era de esas personas que cuentan su vida entera nada más conocer a alguien que les cae bien. Eso hizo cuando conoció a Ibrahim. A los cinco minutos de habérsela contado, concluyó que ya eran amigos para siempre. Entre otras cosas, ella le dijo que venía de un lugar al que los árabes llamaron al-Ándalus, una región tan antigua como la ciudad de Alepo. Pero no hablaba mucho árabe, así que se entendía con Ibrahim en inglés, con algunas palabras sueltas de árabe. Él se contagió de su energía y le dieron ganas de convertirse algún día en médico de niños.

Pero aún quedaban muchos años para eso. Sin embargo, para el cumple de Ahmed, solo quedaban unos días. Ibrahim sabía que su hermano pequeño no se contentaría solo con la promesa de un regalo para el que tendría que esperar tanto como todos los años de una carrera. Por eso se puso a pensar seriamente en buscar lo más parecido a un elefante, algo muy difícil en una ciudad que sufría la guerra y en la que nunca se había criado un elefante de verdad.

Entonces lo vio, en el fondo del hoyo

Poco después, mientras llevaba una caja de patucos por uno de los barrios que habían sido atacados, pasó junto a un inmenso agujero, en mitad de la calle. Lo había producido la caída de una bomba. La doctora Patucos se quedó arriba y él bajó hasta el fondo muy rápido, en una, dos, tres, cuatro…, hasta doce zancadas. El agujero era tan ancho que se podía jugar allí al baloncesto. Caminando por él, Ahmed se fijó en unas piedras antiguas que sobresalían de la tierra, restos de viejas construcciones. Era como si el pasado estuviera esperándole a unos pasos bajo tierra. Aún se descubren, bajo la superficie de Alepo, tesoros de siglos muy lejanos, ruinas de pueblos y culturas célebres, así como de otras que ni siquiera se conocen en los libros.

Entonces lo vio, en el fondo del hoyo. Entre los escombros de lo que parecía la base de una muralla. Estaba cubierto de tierra, pero aún tenía una parte que brillaba. Era una miniatura muy antigua. Ibrahim se acercó y la alzó sosteniéndola, haciendo una pinza entre el pulgar y el índice. Así de pequeña era. Sopló para quitarle el resto de polvo. Era la figurita de un elefante plateado con una cinta sobre la trompa de esmeraldas verdes muy pequeñas. Sin duda era su día de suerte. «Ya tengo el regalo para mi hermano», le gritó a la Patucos, que desde arriba del agujero no le oyó muy bien.

Cuando llegó el cumpleaños, Ibrahim le dejó a Ahmed, junto a la almohada, una cajita de seis dedos de alto y cuatro de ancho. Dentro, colocó la figura del elefantito

metida en un patuco. Esperó junto a Karima a que Ahmed se despertara. Y al hacerlo, el niño abrió la cajita de inmediato y, al palpar el patuco, notó que tenía algo dentro. Sacó con cuidado la miniatura de elefante y se fijó en sus patas separadas, como si estuviera caminando velozmente. Ibrahim le había dado brillo y parecía

como nuevo, pero seguramente era casi tan antiguo como la ciudad.

Aunque no era uno de verdad, a Ahmed le gustó mucho su regalo. Ahora tendría algo para recordar la promesa que le había hecho su hermano de que, cuando acabase medicina, regresaría para ir juntos a encontrarse con elefantes de verdad.

—Fíjate, este elefantito tiene prisa, ¿no? —dijo Ibrahim, al darse cuenta de que su hermano miraba la separación que tenía entre las patas delanteras y traseras. Entonces Ibrahim se agachó y puso las rodillas y las palmas de las manos en el suelo, imitando, a cuatro patas, la postura de la figurita—. Camina así, mira: estiras hacia delante la patamano derecha y el patapié izquierdo; luego, la patamano izquierda y el patapié derecho. Y así una y otra vez, ¿lo ves?

Ibrahim se puso a caminar a paso de elefante por toda la habitación, balanceando las caderas de forma exagerada, como los de verdad. Al instante, Ahmed y Karima lo imitaron. Dieron una vuelta en fila por toda la casa, como hacen las manadas, con sus patamanos y patapiés hasta que, cansados, tuvieron que tumbarse de espaldas, los tres en el suelo, estirando a los lados brazos y piernas. Vistos desde arriba, parecían tres muñecos de papel entrelazados.

El nombre

Ahmed quiso ponerle nombre a su elefante. Dudaba entre varios.

—Podría llamarle Elefante Perdido.

A Ibrahim ese no le convencía mucho, así que le sugirió otro:

—¿Por qué no le llamas Elefante Errante? Ha caminado durante siglos por debajo de Alepo hasta encontrarte.

A Ahmed le gustó cómo sonaba, aunque no entendía muy bien la palabra *errante*.

Pocos días después de aquella conversación, mientras repartía patucos por la ciudad, Ibrahim tomó un atajo que conocía desde los tiempos en que ayudaba a repartir el pan de sus padres. Fue ese el último lugar en que sus compañeros lo vieron. Lo esperaron durante horas, pero tuvieron que regresar a sus casas antes de que oscureciese. La ciudad se había vuelto ya demasiado peligrosa, así que dieron a Ibrahim por un desaparecido más.

Durante varias semanas, Karima y Ahmed esperaron noticias de él o de alguien que lo hubiera visto. Pero nada. Karima hacía un gran esfuerzo por no estar triste cuando llegaba la tarde y se quedaba con Ahmed. El pequeño le preguntaba cuándo volvería su hermano. Y ella le mostraba una sonrisa que brillaba en su rostro cansado. Para tranquilizarlo, le contaba aquella misma historia de los elefantes que ayudaban a unos pescadores de un barco encallado. Y Ahmed se dormía como si los viera en una playa en la que nunca había estado. Otras veces, como su hermano, se hacía el dormido para que Karima descansara.

En Alepo, cada vez se veían más hombres con trajes de camuflaje y armas al hombro; hombres vestidos de negro y con barbas cerradas, sin cicatrices que pudieran convertirse en veredas por donde pasaran elefantes pequeños; hombres en camisa y chanclas, con armas al hombro; hombres que nunca habían cogido un fusil iban también con armas al hombro, y hasta niños había con armas al hombro. En esas condiciones, ya no podían llegar ni el pan ni los patucos a las casas con frío. Así que muchos huyeron con sus padres y buscaron refugio al otro lado de la frontera, en Turquía.

Karima y Ahmed también huyeron de la ciudad en una noche sin luna. Se unieron a un grupo de cuatro mujeres con sus hijos. Todos cupieron, muy pegaditos, en el asiento trasero de un coche que no hacía ruido. Durante el camino, solo se oía, de vez en cuando, a las madres diciendo «chisss» con el dedo índice en los labios. Los niños iban acostados sobre sus piernas. Al lado del conductor, pusieron las bolsas y mochilas que cada uno traía. Ahmed llevaba una roja, como la de los patucos de su hermano, pero solo había metido dentro una muda de ropa. No podían ir muy cargados. Avanzaron sigilosamente, toda la noche (chisss) hacia la frontera norte. Si lograban cruzarla, les esperaban en un campo de refugiados.

En un punto, en mitad del camino, se detuvieron frente a una cuerda que hacía de barrera. Unos hombres armados rodearon el vehículo y alumbraron su interior con grandes linternas. Ahmed llevaba en la mano el Elefante Errante, resguardado en el patuco en que se lo dio su hermano. Lo apretó fuertemente, como para ocultarlo de la luz de las linternas. Los hombres discutieron entre ellos si debían o no dejar pasar el coche. Ahmed quiso hablar, preguntar a su madre qué ocurría, pero se dio cuenta de que se le había ido la voz. «Quizá», pensó, «el relente de la noche me ha enfriado la garganta».

Tuvieron suerte. Los hombres decidieron y el vehículo continuó sin más sobresaltos.

Cerca del amanecer, cruzaron la frontera, sanos y salvos. A partir de allí, tenían que continuar a pie.

Caminaban de la mano. Cuando estaban a punto de llegar al campo de refugiados, Karima y Ahmed ya iban fatigados y ojerosos. La madre se colgó en un hombro su mochila y en el otro la de Ahmed. El pequeño le indicó por señas que él podía llevar la suya, pero Karima le respondió:

—Chisss, tranquilo, tú llevas algo más pesado. —Y señaló el Elefante Errante, que guardaba en la otra mano.

Les asignaron una de las grandes tiendas de campaña de lonas blancas. Había cientos de ellas en ese campo. Era una especie de ciudad de lona, con calles y plazas, habitada por los que habían huido de

la ciudad más antigua del mundo, y a la que esperaban volver algún día.

Una vez allí, Ahmed no quiso salir de la tienda mientras no tuviera voz. En medio del campo, había una escuela improvisada para los niños recién llegados. Karima convenció a Ahmed para que asistiera. Él aceptó, pero no podía hablar con nadie. Y, a su vez, nadie hablaba con aquel niño nuevo sin voz. Ahmed se sentaba, escuchaba a los maestros y, cuando se aburría, jugaba con su Elefante Errante. A veces lo ponía en el pupitre; a veces lo dejaba guardado en el bolsillo del pantalón.

Aún seguía sin voz el día en que se fijó en una médica que pasó por la escuelita. Llevaba un chaleco blanco con el mismo muñeco rojo de las mochilas de los patucos. Ella se puso a hablar con él, sin reparar en que no le contestaba. Sin embargo, siguió hablando, largo y tendido. Todo era en inglés, con algunas palabras sueltas en árabe y en español. Cuando creyó que ya le había contado suficiente, le dijo con solemnidad: «*Now, we are friends for ever*», «amigos para siempre». Entre otras cosas, le había contado que venía de un lugar llamado al-Ándalus. Ahmed sonrió, pero aún sin poder hablar. Le gustó reconocer a la doctora Patucos, de la que tanto le había hablado su hermano. Para entonces ella también sabía que aquel niño era el hermano chico de Ibrahim, su joven voluntario desaparecido.

Un día, el maestro de la escuela de refugiados se puso enfermo y le pidió a la médica que lo sustituyera por un rato. Tocaba la clase de dibujo. A ella se le ocurrió pedir a los niños que pintaran la casa de la que cada uno de ellos venía. Entonces Ahmed dibujó el patio de la suya en Alepo. Trazó la silueta de dos niños jugando, con los brazos y las piernas bien abiertos. Arriba, en el cielo, puso aviones y helicópteros que soltaban decenas de bombas que tenían forma de gotas negras de lluvia.

Al final de la clase, la médica pidió que cada uno firmase el dibujo con su nombre. Los fue recogiendo uno a uno por los pupitres, y observó con extrañeza que la mayoría de los niños habían hecho un dibujo muy parecido. Era como si hubieran estado copiándose unos a otros, o como si todos recordasen la misma casa y el mismo cielo del que llovían gotas negras. Cuando llegó al pupitre de Ahmed, le llamó la atención algo más.

Había dibujado el contorno de un elefante pequeño. Para ello colocó sobre el papel el Elefante Errante tendido y pasó el lápiz alrededor. Pero lo que extrañó a la doctora Patucos era el nombre que había escrito. No era el suyo. Sabía un poco de árabe, pero, aun así, consiguió leerlo letra a letra, y ponía: «I-bra-him».

—Pero ¿por qué no pones tu propio nombre? —preguntó la Patucos—. El tuyo es muy bonito.

El niño, todavía sin voz, no podía contarle toda la historia, así que escribió con el lápiz a un lado, en inglés para que lo entendiera: «*I am not Ahmed anymore. Now, my name is Ibrahim. Ibrahim, for ever and ever*».

La doctora Patucos se quedó contrariada. No le pareció una buena idea y comenzó a aconsejarle que no se cambiase el

nombre. Comprendió que Ahmed estaba orgulloso de Ibrahim y quería llevar el nombre de su hermano desaparecido. Entonces le contó que Ibrahim y ella habían sido grandes amigos. Y todo lo que Ahmed ya sabía, de lo mucho que le ayudó con la misión de los patucos.

—Tu hermano fue muy valiente. A veces, la gente cree que los valientes son los que pelean con armas. Pero esos son los que tienen más miedo. Los más valientes son los que luchan sin armas para que los niños no se enfermen ni pasen frío. Tu hermano era de los valientes.

Ahmed miró a la doctora con los ojos abiertos.

—Tu hermano, ahora, solo está en otro lugar, en otro tiempo, ¿me entiendes? Como ese pequeño elefante que tienes ahí. Vino de otro tiempo y otro lugar, pero tu hermano lo encontró para ti, y está aquí contigo. ¿Quién sabe?, a lo mejor, dentro de muchos muchos años, volverás a encontrarte con él.

La doctora dio media vuelta, pero antes de irse, se giró de nuevo hacia Ahmed.

—Espera. Estoy pensando que…, si eso ocurre, si algún día él te busca, y tú sigues usando su nombre «*for ever and ever*», ¿qué pasará si los dos estáis tan viejos o habéis cambiado tanto que no os podéis reconocer el uno al otro? ¿Y si te llama de lejos por tu nombre original? Seguro que no le contestarás porque ya no serás Ahmed «*anymore*». ¿Ves? No está bien quitarle el nombre a nadie.

Ahmed miró a su Errante sin más. Volvió a la tienda de campaña, con Karima, y aún sin voz. Esa noche tuvo un sueño corto, pero con un gran acontecimiento. En el sueño, su madre y él aún estaban en Alepo. Era, de nuevo, el día de su cumpleaños. La ciudad había sido destrozada, pero muchos seguían vivos. Alepo no caería mientras uno solo de sus habitantes siguiera con vida. Entonces se oyó un estruendo, como una especie de temblor en toda la Tierra. La gente echó a correr despavorida. Podían ser tanques u otras máquinas de guerra, acercándose. Luego se oyó un pitido largo como de trompeta. Y de pronto aparecieron. Eran cientos de elefantes pequeños que venían corriendo, en manada.

Parecían surgir bajo el suelo de Alepo, que esconde tantos tesoros y secretos de siglos anteriores. Sin duda venían de otro lugar y de otro tiempo. Y cada elefante llevaba sobre el lomo una gran mochila de patucos con el sello del muñeco rojo. En medio de ellos, como uno más, pudo ver a Ibrahim, corriendo también con sus patamanos y patapiés. Sonreía y llamaba a su hermano: «Ahmeeed, Ahmeeeeeeeed». Y este supo entonces que Ibrahim había cumplido su palabra.

Como el sueño fue tan corto, Ahmed se despertó antes del amanecer. Y de inmediato, a pesar del frío y el hambre que le daba a esas horas, se puso a corregir su dibujo en silencio, mientras Karima dormía. Cuando ella se levantó, lo encontró más despierto que nunca, y había algo que brillaba en su cara. Bebió de un sorbo un vaso de leche y se fue corriendo a la tienda de la escuelita. Allí, le entregó el dibujo a la doctora. Aparentemente era el mismo, casi calcado: se veía el patio de la casa, el

pequeño elefante, los dos niños jugando otra vez… Pero en el cielo… ya no había aviones ni bombas como gotas negras. En el cielo había escrito con letras mayúsculas su verdadero nombre. La doctora lo iba a leer, pero él se adelantó diciéndolo con su propia voz, alta y clara:

—*My name is AHMED!*

Y el pequeño se sorprendió a sí mismo por haber recuperado, de pronto, su voz y su nombre. Entonces se apresuró a explicar todo lo rápido que pudo, por temor a perder nuevamente la voz, que le había devuelto el nombre a su hermano. Eso sí, cuando fuese mayor, se dejaría perilla, como él, y se afeitaría siempre una rayita en el bigote para que pasaran los mocos y los elefantes. Todo eso lo dijo medio en árabe, medio en inglés. Eso último la doctora no lo captó muy bien, pero él continuó:

—Seré siempre Ahmed, *for ever and ever.* Así, algún día, cuando mi hermano venga y me llame, nos encontraremos.

La doctora estaba feliz por oírlo hablar de nuevo y ambos fueron juntos a darle a Karima la buena noticia. Ninguna de las dos supo lo que había sucedido durante la noche para que Ahmed recuperase el nombre y la voz.

Ahmed no lo contó. Quizá porque no era fácil contar cómo se convierten las cosas grandes en pequeñas, y las pequeñas en grandes. No era fácil contar la historia de un hermano que espera a otro, ni cómo este vuelve al fin con una manada de elefantes, llevando mochilas con patucos para los niños con frío. Son cosas que se sueñan, pero no se pueden contar fácilmente. Así que, desde entonces, esa historia solo la supieron él y el pequeño Errante.

Pero ahora también la sabes tú, que la has leído.

Madame Sara y la honradez de los pájaros

Al hijo de Madame Sara

Las fotos de las madres

El doctor François no tenía ni una foto de su madre. Desde que se fue de Haití, su país natal, había recorrido medio mundo ayudando a heridos de guerras, terremotos y otras emergencias. Llevaba siempre una mochila roja cargada de vendas y medicinas, y una sonrisa de oreja a oreja. Pero no tenía ni una sola foto de su madre.

Mejor dicho, la que tenía era muy diferente a las de sus amigos. La guardaba en un libro de medicina. Era del tamaño de una postal y, en ella, se veía un pájaro pequeño, las plumas de color café tostado y el pecho amarillo. De esos pájaros se cuenta que tienen habilidades muy especiales, incluso «mágicas». Pero esa historia aún no la sabía ninguno de los amigos de François que llegaron a su fiesta de cumpleaños. Ni tampoco que cuando él contemplaba la postal le venía a la memoria un dulce olor a helado de coco y la sensación cálida de la piel del brazo de su madre.

Uno de los invitados recibió una llamada de teléfono. Fue al balcón para poder hablar sin tanto ruido. Al volver a la fiesta, exclamó: «¡Madres, siempre están, aunque no estén!». Y entonces, todo el mundo se puso a hablar de ellas. Se intercambiaron las fotos que llevaban en los teléfonos móviles o las que guardaban en la cartera. Hubo quien observó lo mucho que se parecían las madres de unas y otros en las fotos.

Cuando le preguntaron a François por la suya, él se excusó diciendo que no la llevaba encima, ni en el teléfono ni en la cartera. Pero no le creían: «¡Queremos verla! ¡Enséñanosla!». Él les advirtió que, si la mostraba, tendría que contarles una larga historia. Pero ellos insistieron.

Entonces se fue a buscarla entre las páginas del libro de medicina. Mientras volvía con ella, sus invitados jugaron a imaginar cómo sería la mamá de François.

—Seguro que tiene la piel negra y brillante como él —dijo una amiga.

—O quizá es como los granos de café tostado —añadió un amigo.

—Tendrá muchas canas en el pelo —aventuró otra amiga.

—¡Y la misma sonrisa contagiosa de François! —exclamó otro amigo.

Uno de los colegas médicos que estaba en la fiesta tartamudeaba un poco, pero contó que François era conocido por recetar sonrisas contra el dolor. Aseguraba que eran más eficaces que las medicinas. Un paciente podía curarse antes si el médico, aunque fuese extranjero y no supiese mucho su idioma, le daba los buenos días sonriendo.

El secreto está en que la sonrisa es el idioma materno de los seres humanos, lo primero que un niño ve en el rostro de su madre. Bueno, algunas lloran, pero sin perder la sonrisa. Es curioso. A veces, François, como siguió contándoles el médico sin fronteras tartamudo, encontraba a los pacientes «llo-llo-llorando de dolor» (aquí se enganchaba un poco, el colega), pero acababan «llo-llo-rando igualmente, aunque de risa».

—*Et voilà!* —dijo François al volver con sus amigos—. *Li se manman mwen.* Aquí está mi madre —tradujo enseguida al español. A veces soltaba palabras sueltas en creole haitiano. Le gustaba practicarlo, aunque, de tanto viajar por el mundo, el acento de su lengua materna se le mezclaba un poco con el del francés, el español y el italiano.

Todos se juntaron en un círculo para ver la foto y, de repente, se hizo un gran silencio. Algunos arquearon las cejas. Otros se quedaron boquiabiertos. No sabían si reír o asustarse. Al fin, el colega tartamudo se atrevió a decir algo:

—Ejem… Fr-François… —Cuando había dos consonantes juntas se le hacía un mundo la palabra. François puso cara de «¿qué?, ¿qué pasa?»—. Debes de haberte equivocado. Esta foto no puede ser de tu mamá —insistió su colega—. De hecho, no es ni siquiera de una mujer, sino de un páj-páj…

—Sí —dijo François—. Es eso: un pájaro. Un Madame Sara. —Y señaló la foto de la pequeña ave, con el pico alzado y los ojos alegres. Tenía la cabecita inclinada ligeramente hacia un lado, como si estuviese a punto de echarse a volar. Con sus plumas marrones oscuras, como los granos de café, y el pecho amarillo.

Otro de los invitados bromeó:

—¡No puede ser! Si tu mamá fuese un pájaro, a ti se te verían las plumas. —Y le levantó los brazos a François, jugando a comprobar que no tenía plumas, mientras los demás se burlaban.

En realidad, François guardaba un cierto parecido con el pájaro de la foto. Tenía la piel del color de sus plumas. Cuando abría la boca, lucía una sonrisa blanca y contagiosa, pero cuando la cerraba, sus la-

bios se parecían a un pico. Además, él siempre estaba listo para subirse a un avión y volar, como un pajarillo, para atender a los heridos de cualquier emergencia.

Uno de los invitados de la fiesta le preguntó cómo era el trino de los Madame Sara. Él se puso las manos sobre los labios en forma de trompeta. Y dijo:

Suena como un chasquido. Es algo así: chi-chi-chiii-chi-chi. Si lo intentas, verás como puedes decir cualquier cosa en el idioma de los pájaros. Para decir, por ejemplo, «pásame un plato», se dice: «chi-chi-chiii». Y «quiero más pastel», «chi-chi-chi-chi».

Al poco tiempo, todos estaban jugando a hablarse como los pájaros. El que tartamudeaba estaba feliz porque se le daba bien el idioma de los pájaros. La bulla que hacían entre todos iba creciendo, tanto

que el vecino de abajo, que tenía muy malas pulgas, subió y empezó a aporrear la
puerta de François.

—Chisss —dijo el cumpleañero—, cada
pájaro a su rama.

—Chi-chi —dijo el colega tartamudo.
Y súbitamente, todos se quedaron en silencio, escondidos tras la puerta de la sala.

Cuando François abrió, el vecino de las
malas pulgas, que había subido en pijama,
sin darle las buenas tardes, se puso a gritar:

—¡¿No sabe usted que está prohibido
tener animales en este edificio?! Se ha traí-
do un montón de pájaros raros de su país,
¿verdad? ¡Voy a llamar a la policía! —Y el
hombre se fue indignado sin esperar las
explicaciones de François.

En la sala, los amigos contenían la risa.
¡Habían trinado tan bien que los habían

confundido con pájaros de verdad! Pero no comprendían por qué el vecino con malas pulgas odiaba a los animales. Bueno, a lo mejor era por culpa de las pulgas, que en verdad podían ser muy molestas.

Como nadie creyó que fuera en serio lo de llamar a la policía, siguieron la fiesta y las bromas a costa de la foto. Mientras, François la miraba achicando los ojos, como cuando alguien recibe un beso o un abrazo. Algunos querían saber la historia acerca de aquella imagen.

—¿De verdad queréis saberla? Bueno, ya os lo advertí. Ahora tendré que contárosla —les dijo François.

Entonces los amigos volvieron a posarse (perdón, a sentarse) alrededor y escucharon en silencio. Él les contó lo de los pájaros y su magia. Y algo más.

En un barrio de Puerto Príncipe

Cuando era pequeño, François vivía con su mamá en una casita del barrio de La Salina, en Puerto Príncipe, la capital de Haití. A ella la conocían como Madame Sara, la vendedora de helados. François la acompañaba al mercado todos los fines de semana.

Por entonces, Madame Sara no creía en esas cosas, pero mucha gente en Haití sí que creía en los poderes mágicos de unos pájaros pequeños, con las plumas color café tostado y el pecho amarillo.

Apenas se les ve durante el día, porque descansan todos juntos en las ramas de un árbol. Como les encanta conversar, trinan y trinan con sus chi-chíes, tan ruidosamente que al pobre árbol le dan ganas de taparse las orejas, aunque no tiene orejas, claro. Hay quien, al pasar cerca del árbol, confunde el bullicio de las aves con el de un mercado tradicional, como al que acudía Madame Sara a ofrecer sus helados, en medio de un coro de vendedoras que voceaban sus «Tengo tomates frescos» o «Mira qué lechugas traigo».

Durante la noche, solo durante la noche, los pájaros tienen el don de la magia por la que son conocidos. Planean sobre las casas, siguiendo una ruta diferente en cada vuelo. Nadie sabe en qué momento se puede posar en la ventana un pájaro de pecho amarillo. Pero hay que estar muy atento, pues, si lo hace, no se quedará esperando, sino que batirá las alas tan rápido y tan fuerte que se mantendrá suspendido en el aire. Entonces emitirá un sonido muy diferente al de los chi-chíes que hacen durante el día. Este otro es muy sutil, parecido al silbido de una flauta o al que hace el viento al agitar un campo de caña. Si sabéis

silbar, escucharéis la musiquilla de los pájaros mágicos.

Solo a aquellas personas que captan el sonido, el pájaro les concede un deseo que les dura de por vida. La única condición es que el deseo se lo digan en voz alta y que se trate de virtudes y valores personales. Se le puede pedir cantar bien o ser buena gente, por ejemplo. A veces, pero muy raras

veces, también se le puede pedir que arreglen alguna avería, si con ello se ayuda también a que alguien mejore por dentro, pero ya os digo: eso no pasa casi nunca. Y hay también quienes, a pesar de captar el sonido, les da vergüenza decir en voz alta su deseo. Temen que los vecinos sospechen que se han vuelto locos por hablar solos. No saben que la gente que habla sola, en realidad, está hablando con los pájaros.

En muchas casas, cuando anochece, ponen en las ventanas tacitas con migajas de pan mojado en leche. Intentan así atraer a los pájaros mágicos, porque saben que les encantan. A veces, las tacitas amanecen vacías, sin que se haya escuchado el silbido. Algunas personas piensan que, quizá, los pájaros de pecho amarillo no son tan mágicos ni tan honrados, porque se lo beben todo sin dar su magia a cambio. La verdad es que a los gatos también les alucina el pan migado en leche, y algunos se lo zampan antes.

Como Madame Sara no creía en esas cosas, nunca dejaba pan mojado en leche. Pero una noche uno de aquellos pájaros descendió hasta su casa y se puso a batir las alas rápidamente, suspendiéndose en el aire, frente a la ventana. Ella oyó el silbido. Se levantó de la cama y, al frotarse los ojos y ponerse las gafas, lo vio. Supuso que el pajarillo estaba cansado. Como no tenía migas de pan, pensó que podría darle algunas cucharaditas de helado de coco. Madame Sara guardaba siempre algo de helado en la nevera para todo aquel que pasara por la casa o viniera de fuera del país o de lugares remotos de Haití.

El pequeño François le preguntó una vez por qué tenía tantas atenciones con los viajeros. Ella le explicó que todas las personas son o se sienten extranjeras alguna vez. No hacía falta cambiar de país para ello. Bastaba con mudarse de casa, cambiar de amigos o de idioma, o incluso crecer de niño a adolescente. Ella se había sentido extranjera muchas veces sin moverse de su propio país ni de su propio barrio. La parte buena, decía, es que las personas a las que les ocurre esto también pueden hacer un hogar en cualquier sitio de la Tierra. La visita de un viajero suponía para ella la oportunidad de ser hospitalaria y de ofrecer lo mejor que tenía a personas que no conocía de nada. Y lo mejor, según pensaba, eran sus helados de coco y su casa.

«Un pajarillo cansado también merecía un buen helado», se dijo y, al instante, fue a traérselo. El pájaro se quedó un rato silbando con sus alas, jugando con el aire sin decidirse a probar aquella cosa blanca y brillante que empezaba a derretirse y que Madame Sara le había puesto, en una tarrina, en el borde de la ventana.

Hizo un primer intento y hundió el pico en el helado. Al principio se asustó. Le recordó el frío de algunos riachuelos donde había bebido. Y luego le gustó tanto el sabor dulce de la fruta blanca que se lo comió enterito. Solo una vez había escuchado, en las conversaciones en el árbol sin orejas, mencionar el sabor del coco. Los pájaros carpinteros, que son un poco creídos, decían que ellos eran los únicos capaces de abrir un hueco en la durísima corte-

za de los cocos y, por eso, solo ellos habían probado su interior jugoso y blanco. Probablemente, aquel era el primer pájaro de pecho amarillo que saboreaba el coco, aunque fuese en helado.

Agradecido, se puso a aletear rápidamente para que Madame Sara escuchara la canción mágica de sus alas y pidiera un don. Pero como ella no creía en esas cosas, se quedó escuchándolo durante un largo rato sin decir nada. Así que el pájaro se cansó de intentarlo y se marchó desconcertado, con la panza un poco llena.

El apagón

En su vuelo de vuelta, el pajarillo iba pensando que aquella era la primera vez que alguien le daba a probar algo tan rico sin pedirle nada a cambio. La noche siguiente fue noche sin luna. Al pajarillo le costó reconocer desde el cielo la casa de Madame Sara, porque era muy pequeña y pobre, y estaba en un barrio con muy poca luz. Finalmente dio con ella, y decidió volver a posarse en su ventana a ver qué pasaba. Al bajar, hizo el sonido mágico agitando sus alas velozmente.

Sin detener el aleteo, metió su cabecita en el interior de la casa y vio que Madame Sara se levantaba de una silla. No había dormido y traía la frente arrugada. Su mirada era de preocupación. Ella comenzó a hablarle, pero sin pedir ningún deseo:

—Lo siento, pajarito. Esta noche no hay helado de coco. Con el apagón que hemos sufrido, el congelador se ha estropeado.

El pájaro inclinó el pico hasta rozar su pecho amarillo. Era su manera de lamentarse por no poder degustar nuevamente el riquísimo helado. Tenía que irse antes de que amaneciese y le dejasen sin sitio en el árbol sin orejas. Pero aún podía hacer algo. Se le ocurrió que aquella era una buena oportunidad para que Madame Sara creyera en su magia, así que empezó a mover más fuerte sus alas para producir la musiquilla mágica.

Madame Sara se acercó de nuevo a la ventana.

—Pero si ya te he dicho que no queda helado de coco. ¿Por qué insistes, pajarillo? No tengo nada más. Además, mi hijo François duerme y no quiero despertarlo.

En ese instante, Madame Sara se dio cuenta de que los cables eléctricos vibraban. El motor del congelador se encendió con un ronquido de automóvil viejo y, a los pocos segundos, estaba funcionando otra vez.

—¡Ha vuelto la luz! —gritó Madame Sara.

El pequeño François se despertó sobresaltado por la alegría de su mamá y el ruido del congelador. Eso significaba que al día siguiente podrían vender helados y hasta dejar un poco al pajarillo, por si volvía durante la noche.

Por la mañana, en el árbol sin orejas, el pájaro les contó a los suyos lo de Madame Sara. Aquella era la primera vez que usaba su magia en voz alta sin que nadie se lo pidiera. Tal vez así aquella señora tan hospitalaria le creería. A algunos pájaros no les pareció bien que se hubiera saltado la regla mágica, pero lo aceptaron como una excepción.

A esas mismas horas, mientras vendía los helados, la madre de François reflexionó sobre lo que había pasado.

Al acabar la jornada, había vendido muchísimos helados. Y lo primero que hizo, cuando regresó a la casa del barrio con François, fue dejar una tarrina de helado de coco en la ventana, por si el pájaro se posaba en la madrugada. Esa era su manera de darle las gracias por la casualidad de que se arreglase la luz durante su visita la pasada noche. Pero no se le ocurrió pensar que en aquello había habido algo de magia, sino que solo había sido casualidad. Aunque, quizá, demasiada.

La otra magia de los pájaros

Por la noche, el pájaro no faltó a su cita con el delicioso helado de coco de Madame Sara. Llegó hasta su ventana y comprobó que estaba aún más rico que el primero que había probado. Entonces comprendió por qué presumían tanto los pájaros carpinteros. Y, agradecido, se esforzó en agitar las alas fuertemente para que la música mágica se oyera con más claridad.

Madame Sara se sentó frente a la ventana y contempló la danza del pajarillo, sus-

pendido en el aire, y escuchó aquella musiquilla tan bonita y diferente que hacía
con sus alas. Supuso que el pájaro trataba de darle las gracias por el helado. Así
que, sentada frente a la ventana, junto a la
cama, en la que dormían François y ella, se
fue quedando dormida.

El pobre pajarillo se cansó de agitar las
alas y ofrecer su magia sin que ella pidiese
un deseo en voz alta. Entonces se posó un
momento. El corazoncito le latía a mil por
hora, y le costó recobrar el aliento. Cuando
se tranquilizó, vio que Madame Sara tenía
un brazo estirado alrededor del pecho de
François al que protegía del relente de la
noche. Los dos estaban profundamente
dormidos, con las cabezas muy juntas.

El pájaro revoloteó un poco por el interior de la casa. Nunca había entrado en un

nido humano. Jamás pasaba de la ventana, según establecían las reglas mágicas. Vio que no había más que una cama, un congelador y la silla en la que se había quedado dormida Madame Sara. Se posó en la cabecera de la cama y se quedó mirando atentamente a la mamá y al niño. Entonces ocurrió algo que muy pocos saben. La otra magia que los pájaros de pecho amarillo poseen: pueden ver y oír los sueños de los que duermen.

Cuando dos personas duermen con las cabezas juntas, sueñan el mismo sueño. Y el pájaro se puso a contemplarlo como si fuera una película.

El sueño, la honradez y la sonrisa

Al principio del sueño, se veía al pequeño François a cargo del puesto de los helados en el mercado. Estaba solo. Madame Sara había ido a hacer un mandado. François tenía hambre, así que abrió el congelador para comprobar cuánto helado de coco quedaba. Lo poco que había era para la venta y para las visitas de viajeros que pasaban por allí. Pero tenía tanta hambre que no pudo resistir la tentación. Estiró el brazo dentro del congelador y probó un poco con la punta del dedo. Estaba tan bueno que… «¿Por qué no repetir?», se dijo. Y al poco rato tenía las manos, los labios y la lengua completamente blancos de coco.

Madame Sara volvió al mercado acompañada de una joven extranjera. Quería invitarla a un helado, como era su costumbre con las personas que iban y venían de sitios lejanos. Algunas veces también las alojaba en la casa si no tenían

donde pasar la noche. No importaba que la casa fuera muy pobre o no hubiese luz suficiente. Ni que solo tuvieran una cama. Donde cabían dos, cabían tres. Era todo lo que tenía y lo daba gratis. Cada vez que se encontraba con un extranjero, le ofrecía helado y aprendía a dar los buenos días en su idioma. De ese modo, Madame Sara logró decir «buenos días» en diecisiete lenguas.

En el sueño, François divisó a su madre y a la joven, que se acercaban. Se limpió rápido los labios para borrar cualquier rastro del helado. Al llegar, Madame Sara abrió el congelador y se entristeció al ver que no quedaba nada. Le preguntó a François si sabía lo que había pasado. El pequeño puso los labios en forma de pico. Le dijo que habían sufrido otro apagón y que no había podido evitar que todo el helado se derritiese rápidamente. Su madre se acercó a él, le tomó de las manos y, al instante, notó que estaban pegajosas. Tenían restos del dulce blanco. Pero ella solo guardó silencio. Y, en ese silencio, madre e hijo volvieron a casa, junto a la joven invitada. Al pequeño empezó a dolerle el estómago. Su madre no quiso regañarlo, pero le aconsejó que la próxima vez que tuviera tantas ganas de helado se lo dijera. Así ella podría darle lo justo para que no se enfermase, y dejar un poco a las visitas. Nunca se sabía qué persona podía aparecer en la puerta, ni qué pájaro en la ventana.

Y entonces el pájaro observó que, antes de quedarse dormida dentro del sueño, Madame Sara contempló a su hijo, deseando con todas sus fuerzas que cuando creciese fuera un hombre honrado y que no olvidase ofrecer lo mejor que tuviese a las personas que se encontrase en cualquier lugar. Puso su brazo alrededor de la cabeza de François para cobijarlo y tranquilizarlo. Él no podía dormirse por el dolor de estómago. Madame Sara pensaba que era una pena verlo triste, porque creía de verdad que su hijo tenía la sonrisa más bonita del barrio. Entonces supo que lo que más quería, además de la honradez, era que su hijo no perdiese la sonrisa por nada del mundo. Lo deseó con todas sus fuerzas, mucho más de lo que deseaba que se arreglaran los apagones de luz que estropeaban el congelador y echaban a perder los helados de coco.

El pájaro de pecho amarillo comenzó a mover sus alas fuertemente, haciendo la música mágica para Madame Sara y su hijo, que dormían plácidamente cabeza con cabeza. Al despertar, ella no se acordaría de aquello, porque cuando los pájaros de la noche contemplan un sueño, se lo llevan consigo y se lo cuentan al amanecer a sus vecinos del árbol sin orejas. Madame Sara se despertó con la sensación de haber soñado algo que no podía recordar.

Después de aquella noche, pasaron otras muchas en las que Madame Sara sacaba a la ventana un poco de helado para el pajarillo mágico. Pero este no volvió a aparecer. «La última vez lo vi tan cansado al pobre ...», se decía. Ella no supo nunca que el pájaro le había concedido los deseos que había soñado para François.

Al cabo de algunos años, un extranjero que pasó por casa de Madame Sara y disfrutó de su sencilla hospitalidad y del sabroso helado de coco le habló de unas becas. El extranjero trabajaba en una organización que ayudaba a jóvenes sin recursos económicos a estudiar en universidades de otros países. Gracias a eso, François pudo estudiar medicina en una universidad de mucho prestigio lejos de su país. Madame Sara no cobraba a los viajeros por el helado, pero ese fue sin duda el que mejor le pagaron.

La vuelta

Durante todo el tiempo que François estuvo fuera, mientras estudiaba la carrera y, después, trabajando en otros lugares del mundo, siempre hablaba con su madre por teléfono. Ella le mandaba postales de Haití para que él no se olvidase de su tierra natal: postales de árboles, de playas y hasta de los mercados, como aquel en el que seguía vendiendo helados de coco. Sin embargo, nunca le envió una foto de ella. Ni una sola.

François no pudo volver a su país hasta que este cambió de repente. Sucedió algo tremendo. El terremoto más grande de su historia. Oficinas, casas, iglesias y escuelas se vinieron abajo. Las carreteras se resquebrajaron y los ríos se desbordaron. Era como si la cola de un gran dinosaurio se hubiera movido bajo la tierra. Muchas personas se quedaron en la calle, sin nada, caminando perdidas, como zombis. Allí acudió François de inmediato con un equipo de Médicos Sin Fronteras.

Por desgracia, Madame Sara había desaparecido entre los escombros, como miles de personas. Los primeros días tras su regreso a Haití fueron muy tristes para François. Perder a una mamá es una de las cosas más tristes de la vida. Y entonces lamentó no tener ninguna foto a mano para mirarla y acariciarla, y hablarle, como se habla con una foto de mamá.

Los compañeros de François se pusieron a atender a los heridos, pero él no pudo unirse a ellos durante esos primeros días porque aún estaba muy afectado por la pérdida de su madre. Sus colegas extranjeros lo necesitaban, porque él hablaba la lengua creole y con su ayuda podían atender a los heridos más rápidamente.

Todas las mañanas, sus compañeros salían en una ambulancia blanca con el dibujo del muñequito rojo a recorrer los barrios destrozados por el terremoto en busca de supervivientes. Al cabo de tres días, François recobró las fuerzas, se levantó y se unió a ellos, pensando que, si su mamá estuviese con vida, le pediría que se pusiera a trabajar. Sus compañeros lo observaban en silencio. Nunca había pasado tantos días seguidos sin sonreír. ¿Se habría acabado su medicina mágica?

De pronto, la radio de la ambulancia emitió una llamada de socorro. Había un niño atrapado en el barrio de La Salina, allí donde había crecido François. A él se le pusieron los ojos llorosos.

Cuando llegó, vio que todo el barrio se había derrumbado. Casi no podía reconocer las calles en las que había corrido y jugado cuando era niño. Pero sí pudo distinguir los restos de lo que una vez había sido su casa. Se bajó de la ambulancia y caminó sobre aquellas maderas esparcidas por el suelo que habían guardado sus primeros años y sueños. Y entonces oyó una voz que pedía auxilio:

—¡Socorro!

Te regalo mi pájaro

—¡Ayuda, por favor! ¡Auxilio!

La voz del niño se oyó de nuevo, pero esta vez más cerca. Estaba atrapado en las ruinas de la casa de enfrente y apenas se le podía ver.

—¡Vengan, por favor! ¡Mi pierna, mi pierna! —gritaba de dolor en su lengua creole.

Cuando François acudió a ayudarlo, comprobó que tenía una pierna atrapada entre dos grandes vigas de madera. Con un poco de esfuerzo, consiguió liberarla y comenzó a limpiar sus heridas. Después se las vendó para que no se infectaran.

El niño tenía la piel del color de François, pero estaba casi teñido de un polvillo blanco que había esparcido la casa al derrumbarse. Con los ojos bien abiertos, no dejaba de observar al médico que lo ayudaba.

—Para ser extranjero, hablas muy bien mi idioma —le dijo.

François sonrió por fin. Era la primera vez en tres días. Y le contestó:

—Sí, también soy un poco extranjero.

¿De dónde? —le preguntó el niño.

—De aquí mismo.

El niño no entendió muy bien lo que quería decir François. ¿Era de allí, pero también extranjero? Sin poder resolver el acertijo, el pequeño decidió cambiar de tema. Le habló de los vecinos que habían desaparecido en el terremoto. Por último, le mencionó a la vendedora de helados, Madame Sara.

—Ella vivía ahí enfrente —le señaló con un dedo manchado de blanco—. De vez en cuando me regalaba un poco de helado porque decía que yo le recordaba a su hijo François —le contó. François inclinó la barbilla hacia el pecho, como hacen los pájaros cuando esconden el pico.

«Este médico está muy triste», pensó el niño en silencio. Como él ya se sentía un poco mejor, quiso animarlo. Y empezó a contarle más historias del barrio y de su mamá, algunas increíbles. Cuando François acabó de vendar sus heridas, el niño le dijo que no tenía nada con qué pagarle por haberle curado.

—No tienes que pagarme —le contestó François con una sonrisa mientras cerraba su mochila roja con el muñequito blanco.

Pero en ese instante el niño se acordó de algo. Buscó en el bolsillo del pantalón, por la pierna vendada, y sacó una postal.

—Sí, sí. Aquí tengo algo para darte por haberme curado.

Era la postal de un pajarillo de pecho amarillo y plumas marrones como los granos de café tostado. En el reverso se leía: Pájaros de Haití.

—Me la regaló un día Madame Sara, la señora de enfrente, porque le gustaba mi risa. Qué raro, ¿verdad? En el cole me castigan por reírme. Y ella, en cambio... No hay quien entienda a los adultos.

François aceptó el regalo del niño sin revelar que Madame Sara era su mamá.

Le dio las gracias y lo guardó en el bolsillo de su mochila. Antes de subirse a la ambulancia, miró de nuevo las ruinas de lo que un día fue su casa. Y sonrió como si supiese que su madre no estaba desaparecida, sino que alguna magia la había convertido en pájaro.

Ya se alejaba la ambulancia cuando el niño lo llamó otra vez. Quería saber su nombre.

—François. Me llamo François —le dijo gritando con una mano al lado de los labios para que pudiera oírle a esa distancia.

—¿De verdad? ¡Qué casualidad! Te llamas igual que el hijo de Madame Sara —dijo el pequeño, divertido.

Esa noche, mientras todos dormían, en la ventana del hospital de campaña, donde hacía guardia François, se oyó el sonido mágico de un pajarillo que batía las alas. François lo miró sin pedir nada. Solo se acercó y le dijo en creole:

—Hola, mamá. —Pero lo hizo en voz baja, como se dice un secreto. Y durante las noches siguientes se quedaba dormido con una sonrisa en los labios.

Desde entonces, François lleva consigo la postal y la muestra cuando alguien le pide que enseñe una foto de su madre. «Ella es Madame Sara». Y es que, a los pájaros de esa especie, igual que a las mujeres y hombres que trabajan en los mercados de Haití, los llaman desde entonces con el mismo nombre de su madre: Madame Sara.

Hay quienes se sorprenden y le dicen, señalando la foto: «Um… Debe de tratarse

de un error. Esa foto es de un… ¿pájaro?».
Y creen que François está un poco loco o
bromean con él buscándole las plumas
debajo del sobaco.

Y, chisss…, llaman a la puerta

Al terminar de contar la historia, François pidió disculpas a sus invitados porque hay cosas que solo pueden explicarse contando una historia larga como esta. Y empezó a recoger las tarrinas de helado de coco vacías. Sus amigos se quedaron admirando aquella foto de un modo muy distinto.

En eso, riiiiiiiiinnnnnnggg. Sonó el timbre de la puerta. Y, enseguida, unos golpes. Todos se quedaron en silencio. François acudió a abrir. Eran dos policías con el rostro muy fatigado, como si hubieran subido las escaleras corriendo.

—Buenas noches —saludaron—. Nos han informado de que usted guarda aquí unos pájaros exóticos traídos ilegalmente del extranjero. Eso va contra las normas. ¿Nos permite comprobarlo?

Entonces los invitados se pusieron a trinar de nuevo, todos juntos, en el idioma de los Madame Sara, como suelen hacer los pájaros de verdad, durante el día, en el árbol sin orejas. Los policías se asomaron a la sala, sin comprender nada. No dijeron ni una palabra más. Se miraron uno al otro y se marcharon rascándose la cabeza, quizá pensando que en aquel edificio había mucha gente loca. A algunos policías y a los vecinos con malas pulgas les cuesta entender algunas cosas.

Por la noche, cuando François guardó la postal en el libro de medicina que llevaba en su mochila, pensó que no tenía por qué lamentarse de no tener ni una sola foto de su madre. Cuando miraba la que aquel niño le regaló, volvía a sentir el olor a coco helado, la sensación cálida del brazo de su madre cobijándolo en la noche mientras esperaban que un pájaro viniera a posarse en la ventana.

Y solo los amigos que escucharon esta historia, los que han visto cómo ayuda François con medicinas y sonrisas a tanta gente en apuros, saben que la magia de aquel pájaro se cumplió.

EPÍLOGO
Una enfermera,
un médico,
una médica

Miriam Alía, de Madrid, dice que nació para ayudar en emergencias. Lleva tatuado el muñequito rojo que distingue a los médicos sin fronteras. Una vez, en Siria, en medio de la guerra, vio que muchos niños enfermaban de frío en el invierno. No era fácil encontrar medicinas, así que se le ocurrió un remedio para prevenir la enfermedad de los bebés mejor que cualquier jarabe. De ahí su apodo: doctora Patucos. Allí conoció a muchos niños como Ahmed y su Elefante Errante. En 2020 regresó a Madrid para ayudar durante la pandemia del coronavirus.

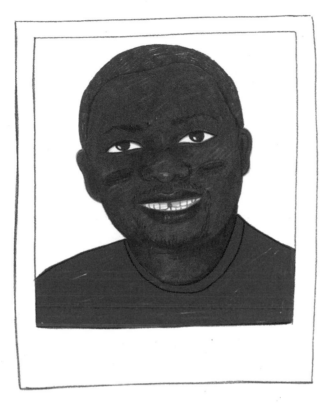

Jean François Saint-Sauveur es un médico de Haití. Es el marido de Mari Carmen, de Valencia. Son padres de Sara, que nació en Etiopía, y de Marc, que nació en la India. Ahora viven en Barcelona. Son gente sin fronteras. Jean-François regresó a echar una mano en su país cuando sufrió un gran terremoto. Él llegó a ser médico humanitario gracias a lo que aprendió de su madre, una vendedora del mercado en Haití. Su historia es también la de Madame Sara.

Mireya Araica Pérez es una pediatra de Nicaragua. Prosiguió estudios en España para especializarse en ayudar a niños con problemas en el corazón. Tiene una hija que se llama Mireyita, y su marido también es médico. Al regresar a su país, en el hospital pediátrico La Mascota, conoció a la protagonista de este cuento y fue testigo de lo que en realidad le ocurrió a la niña cometa.

MÉDICOS SIN FRONTERAS

A principios de los años setenta del siglo pasado, un grupo de médicos y periodistas soñaron juntos con una nueva forma de ayudar a la gente que estaba sufriendo. Médicos Sin Fronteras (MSF) nació para poner en marcha una idea sencilla y, al mismo tiempo, enormemente humana: preservar la vida, sin tener en cuenta nada más.

Desde entonces, visibilizar el testimonio de las personas a las que atendemos en tantas partes del mundo ha ido siempre unido a nuestra pasión por acercarles la ayuda humanitaria vital que necesitan. Fco. Javier Sancho Mas, autor de este libro de cuentos y antaño coordinador de nuestro equipo de comunicación operacional, hizo suyo este empeño, convirtiéndose en un compañero de camino indispensable.

Él sabe bien que el periodismo hace llegar a rincones infinitos del planeta lo que observamos y vivimos a diario en aquellos lugares en los que trabajamos.

Al mismo tiempo, sabe que estos cuentos, basados en las historias reales de estos tres niños, llegarán a rincones de otro tipo en la memoria y la imaginación de padres e hijos, lugares que quizá son más perdurables.

Necesitamos la literatura y la imaginación de los niños para seguir inventando y soñando un mundo donde el derecho a la salud, a la vida y a la dignidad nunca sea negado, incluso en medio de las peores circunstancias.

Necesitamos historias como las de Mireya, François o Ahmed, estos tres pequeños sin fronteras que aquí nos cuentan cómo vencieron al miedo junto a una médica, una enfermera y un médico, algún día colegas de MSF.

Necesitamos las palabras, las del periodismo y las de la ficción. No sabemos si salvan vidas, pero sí sabemos que cuando no están y se hace el silencio, se alimenta la indiferencia y crece el olvido.

Gracias a tantas niñas y niños con los que hemos aprendido, junto a sus camas de hospital, sus casas destruidas o en campos de refugiados, a seguir soñando a pesar de todo. Que estas historias suyas, como los sueños, también perduren.

Este libro
terminó de imprimirse
en el mes de junio de 2022.